AF554252

MÉMOIRES

SECRETS

DU

SECOND EMPIRE

BRUXELLES
OFFICE DE PUBLICITÉ
IMPRIMERIE DE A.-N. LEBÈGUE ET COMPAGNIE
RUE TERRARCKEN, 6

1871

MÉMOIRES

SECRETS

DU

SECOND EMPIRE

Bruxelles. — Imprimerie de l'*Office de Publicité*, 46, rue de la Madeleine.

MÉMOIRES

SECRETS

DU

SECOND EMPIRE

BRUXELLES
OFFICE DE PUBLICITÉ
IMPRIMERIE DE A.-N. LEBÈGUE ET COMPAGNIE
RUE TERRARCKEN, 6

1871

I

QUELQUES MOTS D'ENTRÉE EN MATIÈRE.

Une époque se juge par les petites choses.

La vérité se rencontre plutôt dans les mémoires contemporains que dans les pages de l'histoire. Celui qui vit au milieu des événements, parmi les hommes, qui apprécie *de visu* leurs actions et leurs paroles, en donne une idée plus certaine que l'écrivain, entouré de documents contradictoires, influencé nécessairement par des impressions souvent erronées, entraîné par le besoin de l'effet à produire, et très-capable, en somme, de répondre comme l'abbé de Vertot, alors qu'on lui apportait des détails authentiques sur le siége de Malte, dont il écrivait les annales :

— Merci, mon siége est fait, j'en suis content, je n'y changerai rien.

Les vingt années qui viennent de s'écouler laisseront dans le passé une trace de corruption aussi ineffaçable que celle de la Régence et du Directoire, que les saturnales honteuses du Bas-Empire. Le dessous des cartes de cette période inqualifiable est donc un objet de curiosité pour ceux qui, en s'occupant des faits, recherchent les causes qui les ont produits. Nous sommes incontestablement tombés, les raisons de notre chute sont dans nos mœurs, il importe de les faire connaître ; c'est ce que nous allons essayer.

Nous avons vu, nous savons, nous raconterons. Nous ne nommerons point les masques. Ils cessent d'intriguer quand on arrache le satin qui les couvre. Tout au plus pourra-t-on les soulever, afin qu'on les devine, et chacun pensera là-dessus comme il lui plaira.

II

Sommaire. — Un règne honnête. — La bonne compagnie détrônée. — La semence et le poison — Un temps d'arrêt. — L'homme de la destinée. — Un cercle choisi. — La couronne et la liberté. — Était ce la patrie? — Les reliques douteuses. — L'arrivée des Bonaparte. — Les petits appartemen's — Les princesses du Bas-Empire. — Un cousin. — Une cousine olympique — Un autre cousin — Une *peignée* présidentielle. — L'huître et les plaideurs. — Les mémoires d'apothicaires. — L'ambroisie — Un étranger. — Ce qu'on appelle une bonne fortune. — Waterloo. — Une carte de Cambronne — Le correctif — Les belles et honnestes dames. — Une duchesse précieuse. — Les marionnettes du dénouement. — Et vous m'oublierez! — M. le maire. — Scènes filées. — Un danger. — Les grandes marionnettes. — Le visage de marbre. — Vous ne m'aimez pas! — Parvenu! — Les trois partis. — La haine.

Le règne de Louis-Philippe fut honnêtè, moralement parlant. Cependant, le monde parisien modifiait ses allures, le relâchement s'introduisit dans les habitudes, les badauds et les désœuvrés se jetèrent dans les plaisirs faciles, les mécontents les imitèrent et la société changea bientôt complétement.

La désertion de l'aristocratie, lors de la révolution de 1830, avait laissé le champ libre à une classe de parvenus aux mœurs faciles, et la bonne compagnie française perdait peu à peu ce qu'elle avait gagné sous l'empire, sous la restauration et pendant les premières années de la révolution de Juillet.

L'inauguration des clubs, la résurrection des courtisanes, restées dans l'ombre depuis la révolution, qui les abattit, préparait le terrain pour de nouvelles semences; la moisson devait être fructueuse pour le mal, elle produisit le poison dont nous agonisons aujourd'hui, et contre lequel un remède héroïque est nécessaire, autrement il achèvera de nous tuer.

L'avénement de la république, gouvernement honorable, quoi qu'on en dise, retarda un peu l'arrivée de cette ère de perdition qui devait bientôt nous envahir. La politique occupa les esprits, l'argent se renferma, on songea sérieusement à l'avenir du pays, il n'y avait pas encore de place pour la débauche à côté des grands intérêts qui se débattaient. Nous eûmes quelques mois d'une vie agitée et pleine : on se battait aux barricades, le sang coulait dans les rues, on se passionnait pour des idées chimériques peut-être, mais on ne songeait pas à la débauche.

Cependant un homme était rentré en France, qui tenait dans sa main les destinées de l'avenir.

Cet homme était le prince Louis-Napoléon Bonaparte.

Jeune encore, ou plutôt dans la force de l'âge, sa jeunesse s'était passée parmi des aventures de toutes sortes ; il avait vécu loin de la France, au milieu des conspirations, entouré de casse-cous et de chevaliers d'industrie. Ceux-ci exploitaient d'avance ses espérances et son nom, ils se dévouaient corps et âme à la seule chance qui leur restât d'arriver à la fortune, et pour eux l'existence se jouait à pile ou face. En attendant les dangers ils couraient après les plaisirs, qu'ils prenaient n'importe où, n'importe comment, pourvu qu'ils les prissent.

Le prince se jeta donc entre ces intrigants, les femmes qu'ils traînaient à leur suite, et la haute société que son rang l'appelait à fréquenter. Il s'ennuyait majestueusement, ou s'amusait avec peu de mesure. Ses liaisons de cœur n'eurent rien de romanesque, sauf deux peut-être, auxquelles nous ne nous permettrons pas de toucher. Il eut des maîtresses assez vulgaires; bien qu'il aimât les femmes, elles ne tenaient, à cette époque, que le second rang dans ses sentiments et dans ses idées.

La couronne passait pour lui avant tout et au-dessus de tout.

Il la voulait, il la voulait avec passion, et sa conviction profonde était qu'il l'obtiendrait un jour. Il ne cessa donc pas de conspirer, et contribua plus qu'on ne croit à la chute de Louis-Philippe.

Dès qu'il eut le pied en France, il comprit qu'il en deviendrait le maître et dès lors il mena la vie à grandes guides, sans s'inquiéter du blâme ou de l'approbation; son esprit, indépendant, se fit un plan de domination, dont il ne se départit plus, tant qu'il conserva la plénitude de ses forces.

Napoléon fut nommé président de la république; il entra à l'Élysée en attendant les Tuileries. Ce fut peut-être le temps de sa vie où il s'amusa le plus. Dégagé de représentation et d'étiquette, il jouit d'une liberté entière et en usa amplement.

Après les heures d'ambition largement partagées,

venaient celles du plaisir. Il connaissait enfin ces jouissances parisiennes, tant rêvées, tant souhaitées par lui, elles lui arrivaient en foule dans les conditions les plus favorables pour les bien apprécier.

Les premiers moments de son séjour dans sa patrie, — était-ce bien sa patrie! — avaient été pénibles et difficiles. Il manquait d'argent; tous les usuriers de la bohême mis en réquisition, faisaient les renchéris et se souciaient médiocrement de lui en confier. Ils n'avaient point foi en ses reliques. On courut jusque dans les pays étrangers, on promit des intérêts fabuleux, on n'obtint aucun ducaton, il fallut donc se restreindre et se divertir bourgeoisement.

Une fois à l'Élysée, la scène changea, on n'eut plus besoin de juifs, on trouva des amis, on eut des ressources gouvernementales, une liste civile au petit pied, on y puisa sans scrupule. Il semblait que la France dut un arriéré de rentes à la famille Bonaparte depuis la fin du premier empire.

Tout ce qu'il y avait de viveurs cosmopolites et peu délicats afflua dans les *petits appartements*, les grands étaient réservés à la partie sérieuse de l'entourage et à l'apprentissage du métier de souverain. Mais quelles bonnes parties se faisaient à huis-clos ! Comme on faisait venir les demoiselles de l'Opéra et les belles filles qui s'intitulèrent depuis les princesses du Bas-Empire !

Dans la famille même se rencontrèrent des éléments de soupers fins. Les cousins n'étaient pas encore des altesses, ils furent traités en bons convives et en bons garçons. Une cousine, jolie comme un ange, — qu'elle n'avait pas la prétention d'être, — faisait ses premiers pas dans le monde. Elle débutait par une hécatombe de célébrités vieillies, qui brûlaient à ses pieds un encens éventé et qui la comparaient à toutes les divinités de l'Olympe. A peine savait-elle parler que déjà elle faisait parler d'elle, son dossier de déesse n'avait rien à envier aux mieux fournis de la mythologie. A cette époque elle n'aspirait pas au Parnasse et ne songeait guère à supprimer les neuf muses pour réunir en elle seule tous leurs attributs. Les guirlandes de Flore et l'amphore d'Hébé suffisaient à son ambition.

Un autre cousin, qui depuis devint fameux par ses colères et leurs funestes résultats, était alors un gros garçon, très sans façon et élevé en républicain campagnard. Il avait le genre de beauté de sa race, — qui manque tout à fait à l'ex-empereur, — il était jeune et ardent. Deux rivales s'éprirent de ce gars vigoureux et se le disputèrent, dans toute la force du mot. Il y eut aux bals de la présidence une ou deux scènes tout à fait galantes, dont il fut fort question dans les chroniques. On ouvrit les paris comme pour un *steeple-chase*, et personne ne gagna.

Le jouvenceau, après avoir coqueté de son mieux, disparut tout à coup, laissant les plaideuses avec leur coquille à la main ; hélas ! les coquilles étaient vides, depuis longtemps l'huître était mangée et la digestion ne s'en pouvait accomplir. Il ne restait d'autre parti à prendre que la fuite, puisque le choix n'était pas permis.

Depuis François Ier et Louis XV, qui payèrent de leur personne, aucun règne n'a tant fourni de mémoires d'apothicaires que celui-là, sans compter ceux du ministre des finances.

Quant au futur César, il se dédommagea, pendant ce bienheureux noviciat, de tous ses jeûnes. Il vida les coupes d'ambroisie sans y laisser une goutte et résuma en peu de temps les aspirations inutiles de son passé. Il se fit beaucoup d'amis et surtout beaucoup d'amies. On le classa parmi les plus galants étrangers. Avec son accent, sa tournure, ces bonnes demoiselles n'ont jamais pu se persuader que ce fût un Français. Jugez si elles l'acceptent pour tel à présent!

Ainsi que cela se conçoit, la cohorte risquée des théâtres fut passée en revue, et défila avec empressement.

Parmi ces nymphes de bonne volonté, le prince en remarqua une qui faisait un certain bruit. Il désira causer particulièrement avec elle et se la fit amener un soir par un de ses familiers. Occupé d'une affaire importante, il donna ordre de la faire entrer dans sa chambre, en la priant d'attendre patiemment. Peut-être serait-il longtemps retenu par les soins du gouvernement et par les graves personnages qui l'obsédaient. Il insista pour qu'elle se mît à son aise et qu'elle s'installât où elle se trouverait le mieux.

Fatiguée sans doute, elle pensa que le mieux

était de se coucher, non pour dormir, mais pour se reposer en rêvant.

Ce monde-là entend d'une façon toute particulière la liberté et l'égalité. Elle ne fit donc point de façons et se crut tout à fait dans son droit. Peut-être y était-elle?

A quoi rêva-t-elle? quelles pensées l'occupèrent?

Prépara-t-elle, sans s'en douter, et longtemps d'avance, le fameux chapitre des *Misérables,* à propos de la bataille de Waterloo?

L'honneur qu'elle attendait apporta-t-il dans sa santé un trouble intempestif?

Elle ne s'est jamais expliquée à ce sujet, ce point d'histoire reste à éclaircir. Ce qu'il y a de certain, c'est que, dégagé des soucis de l'État, lorsque Son Altesse rentra dans son *buen retiro*, elle n'y trouva plus la jeune déité. A la place qu'elle avait occupée se prélassait une carte de Cambronne avec tous ses ornements, il n'y manquait que la signature.

Le prince eut le bon esprit d'en rire. Il appela

son Arbate et lui remit deux billets de mille francs et le chargea de les envoyer à la malade.

« Ils lui auraient été utiles plus tôt, ajouta le président. »

Cette anecdote a couru tout Paris. L'héroïne en fut si honteuse qu'elle s'éclipsa, mais on en amusa la ville et la cour. Dieu sait les bons mots auxquels elle donna lieu. Ils défrayèrent les soupers pendant bien des jours et surtout bien des nuits. Et puis le flot l'emporta comme il emporte tout !

La vie du président était à double face. Les intimités de contrebande n'empêchaient pas quelques plus hautes aventures. Parmi les femmes de la société qui fréquentaient l'Elysée, deux courants de prétentions se faisaient jour.

Les *belles* et *honnestes dames*, comme dit Brantôme, auraient volontiers joué le rôle de Diane de Poitiers ou d'Agnès Sorel, elles ne le cachaient pas.

Les veuves et les filles à marier aspiraient à l'hyménée, surtout celles aux allures dégagées et indépendantes. Parmi elles deux se firent principalement remarquer par la ténacité de leur décision.

L'une portant un grand nom, ayant perdu dans son mari un de ces appuis dont une femme est fière, était belle, d'une intelligence exaltée, mais inculte. La médisance l'accusait de plusieurs infractions aux traités conjugaux, dans le domaine de l'imagination seulement. Tous les romans modernes et anciens lui trottaient par la cervelle. Elle n'allait jamais au delà des *conjectures* et s'arrêtait impitoyablement après quelques protocoles échangés.

C'était une étrange personne : elle prenait feu à la première étincelle ; à peine savait-elle qu'elle était aimée qu'elle se livrait à des chimères dont un poète eût envié l'azur. Elle transformait le soupirant en héros, et devenait une héroïne dont la dignité platonique n'acceptait pas les hommages grossiers. Elle imposait silence aux appétits charnels, tout en les éveillant par ses regards, par ses réticences, s'ils s'avisaient de sommeiller. Elle voulait refuser toujours, mais elle n'eût point pardonné à ceux qui l'auraient prise au mot et qui se seraient renfermés dans l'admiration.

Son programme était invariablement le même, une passion brûlante, irrésistible, puis le couronnement de l'édifice était cette phrase, sa plus belle trouvaille :

— « Je n'ai donc plus de vertu que ce que tu m'en laisses ! »

Un mauvais sujet lui répondit, nous a-t-on assuré :

— « Cela ne doit guère vous gêner alors ; pourquoi tant de façons? »

Au moment précis de l'histoire, elle faisait intervenir deux personnages, avec le bon Dieu pour drapeau.

C'était d'abord son mari qu'elle ne pouvait se résoudre à tromper, et puis son confesseur, elle les sortait d'une boîte où elle les tenait en réserve, comme les marionnette du dénouement de Guignol. Elle écrivait alors une lettre d'adieu monumentale, elle se retirait le cœur brisé, jurant de conserver toute sa vie le sentiment qui seul avait pu la conduire si loin dans le chemin de la perdition, elle ne survivrait pas à cet horrible déchirement et priait Dieu de la retirer de ce monde où elle allait tant souffrir. Cela se terminait par ces mots, humides de larmes et de mélancolie :

— Et vous, vous m'oublierez !

Hélas ! ils n'y manquaient pas.

Son mari mourut, elle remplaça le devoir par le *respect de sa mémoire*. Cette femme-là savait se retourner. Quand Napoléon parut, elle n'avait aucun poëme en voie de publication. Elle en tressaillit d'aise, se mit à l'œuvre, se promettant que, pour cette fois, M. le maire deviendrait l'interlocuteur final.

Le président la trouva belle, sans arrière-pensée. Il arrivait de l'étranger et ne connaissait pas le plan suivi par la duchesse avec une si constante régularité. Il le crut inventé pour lui seul et fut frappé de son originalité. Les scènes se filèrent merveilleusement, on l'adorait, on le lui disait dans des termes d'hermine sans tache, qui se sent entraînée vers l'abîme. Elle céda pied à pied jusqu'à une énormité fatale.

Elle se laissa conduire au bal masqué.

Elle revint souper à l'Élysée en joyeuse compagnie, mais elle garda son masque et ne prononça pas un mot, si ce n'est à l'oreille du préféré.

Enfin elle le conduisit jusqu'au terme fixé par elle, et laissa comprendre qu'elle ne le franchirait pas. Les grandes marionnettes furent exhumées, il s'en étonna et vit clairement dans le jeu de son Artémise. Bien que très-médiocre empereur, il avait de la finesse se résolut à terminer, d'autant plus que des bruits adroitement répandus pouvaient l'engager plus qu'il ne consentait à l'être : on parlait de son mariage.

Un soir, la dame, suppliée devenir à l'Elysée, s'y aventura sous triple enveloppe. Elle avait refusé tous les confidents et arriva seule. Tout le monde connaît la physionomie impassible de l'ex-majesté, elle était ce jour-là de marbre. Son *amante* chercha à déchiffrer l'hiéroglyphe et resta glacée sous ce regard. Elle redoubla de tendresse, de chateries, de passion même, rien n'y fit. On ne lui répondit que par monosyllabes.

— Enfin, qu'avez-vous? s'écria-t-elle, désespérée.

Elle n'avait pas prévu ce chapitre-là.

— Je ne puis vivre ainsi, reprit-il avec le même sang-froid que s'il eût répondu à un de ses ministres, vous ne m'aimez pas!

— Je ne vous aime pas!

Là-dessus énumération des preuves, transports, déchirements et pleurs intarrissables. Il n'interrompit point, écouta comme un juge, roulant sa cigarette dans ses doigts et attendant patiemment la fin de l'avalanche.

— Tout cela ne prouve point que vous m'aimiez, répéta-t-il sur le même ton.

— Que vous faut-il donc alors?

— Ce qu'il faut!

Il lui débita la tirade de Tartuffe, mais en prose et dans des termes qui firent bondir la pruderie doublement aristocratique de sa partenaire.

. . . . . . Qu'un peu de vos faveurs ! »

paraphrasé sur toutes les gammes lui parut le comble de l'insolence. Elle s'emporta, ce que l'autre contempla avec une tranquillité inaltérable.

— Tout cela prouve décidément que vous ne m'aimez pas !

Il ne sortit pas de cet argument.

— Monsieur ! exclama-t-elle enfin, mise hors de garde par cette répétition irritante, monsieur ! que me demandez-vous ? Vous méconnaissez qui vous êtes et qui je suis ; libres l'un et l'autre, vous osez me manquer de respect ! Me voilà prête à devenir votre femme, votre maîtresse... jamais !

Elle eut un geste sublime.

— Alors, madame, permettez-moi de reprendre la même conclusion : vous ne m'aimez pas !

La duchesse furieuse, s'emporta, trépigna, cria,

fut superbe de rage et d'orgueil offensé ; elle finit par s'oublier jusqu'à frapper du poing sur l'épaule du prince, qu'elle appela :

— Parvenu !

Il se contenta d'essuyer son habit, à la place touchée, sans que ses traits exprimassent la plus légère émotion.

Il n'y avait que trois partis à prendre pour la lionne : s'attendrir et céder par un élan magnifique ; se draper dans son courroux et faire une majestueuse sortie, ou s'évanouir. Elle essaya du premier moyen, en prenant ses sûretés toutefois et fit comprendre que sur un contrat juré elle pourrait donner des arrhes. La réplique poussa au plus haut degré son irritation.

Il ne promettrait rien, on devrait s'en rapporter à son honneur et à sa bonne foi.

La duchesse se leva, esquissa une superbe révérence de cour, rajusta ses voiles et sortit, sans retourner la tête. Elle ne put néanmoins s'empêcher d'entendre ces mots murmurés par une voix moqueuse :

— Allons! bien décidément, elle ne m'aime pas!

L'héroïne devina qu'elle avait été trahie, que quelque lecteur de ses anciennes productions avait tout révélé, et que le président n'irait pas jusqu'au crucifix. Elle lui voua, à dater de ce moment, une haine de dévote, poussée au delà de l'exécration lorsqu'elle vit monter sur le trône mademoiselle de Montijo. Elle ne pardonna pas, devint une ennemie acharnée, et contribua par toute la puissance de sa position, de sa volonté, à la chute de son ennemi. Elle le poursuivra certainement encore au delà du tombeau.

II

Sommaire. — Une émancipée. — Un esprit masculin. — Le charmant grelot — Un ministre en jupons. — L'entrée de la chambre à coucher. — Autre mariage manqué. — Une comédie de M. Ancelot. — Marque champenoise — La senora Eugénia. — Une Agnès — Sainte Catherine perd son bonnet. — Diane. — Une amie cachée. — Nomenclature de Leporello. — Avertissement. — La cravache. — Le héros du cirque. — Un mélodrame. — Une couronne.

L'autre aspirante était une jolie blonde, émancipée par son âge, par ses manières et par son éducation.

Fille d'une mère plus jolie qu'elle encore, elle avait eu à souffrir de rivalités et de jalousies intestines, qui l'armèrent de bonne heure contre la sensibilité et la confiance; son cœur ne se développa que très-peu; son intelligence, au contraire, prit des proportions masculines, qui ne firent pas d'elle une femme d'esprit, — n'en a pas qui veut, — mais qui lui donnèrent une teinte sérieuse à laquelle les gens superficiels se laissèrent prendre. Ils lui organisèrent la réputation d'une personne supérieure. Elle y crut si fermement que nul n'en osa douter, excepté ceux qui sondent tout et qui découvrent promptement le vide. L'un d'eux osa dire d'elle :

— C'est un charmant grelot; cela fait du bruit, et c'est creux.

Quoi qu'il en soit, le prince lui fit très-ostensiblement la cour. Elle s'établit dans son rôle et se posa devant la galerie en fille sûre de son fait. Le salon de sa mère devint une succursale de la chambre et de l'Élysée; elle s'entoura d'hommes politiques et distribua presque d'avance les ministères. Ceux qui connaissaient bien Napoléon en riaient dans leur barbe.

Il laissa dire jusqu'au moment où le besoin impérieux d'un dénouement se présenta. Il lui eût volontiers adressé la question d'Henri IV à mademoiselle d'Entragues :

— Par où entre-t-on dans votre chambre à coucher, mademoiselle ?

Elle eût été assez fine pour lui répondre comme l'autre :

— Par l'église, monseigneur.

Ceci résume la fin de leur dialogue ; quoi qu'on en eût prétendu, il n'alla pas plus loin. L'enjeu était trop lourd pour qu'aucun des deux y renonçât. Ils se séparèrent bons amis, plus tard l'indifférence vint des deux côtés. L'esprit de la jeune femme tourna vers l'opposition et la révolution couleur de rose. Elle manqua un autre mariage retentissant, au moment de le conclure ; une intrigue étrangère à notre sujet fut la cause de cette rupture, dont M. Ancelot eût fait une comédie de genre autrefois. Plus tard elle épousa un homme dont la marque champenoise est très-connue à la *Maison d'Or* et au *Café Anglais*.

Ces deux tentatives furent les principales et les plus sérieuses pendant les années d'attente écoulées entre le retour en France et la couronne impériale, jusqu'à la connaissance de mademoiselle de Montijo.

Celle-ci n'arrivait pas dans des conditions plus favorables que les autres. Elle fut plus adroite et plus heureuse, voilà tout, ou plutôt elle fut plus aimée et triompha des difficultés. Elle ne passait pas pour une Agnès, à tort ou à raison; sa vie excentrique, ses habitudes bohèmes devaient effaroucher les timides. Elle s'appelait la comtesse de Téba, n'avait pas la fortune de son nom, et ne pouvait épouser tout le monde; il lui fallait un rang, une situation dignes de Sa Grandesse. Aussi coiffait-elle sainte Catherine avec assez de résignation.

Elle aimait avant tout sa liberté et ne devait consentir à l'aliéner que pour une union brillante. Aussi refusa-t-elle, sans hésiter, le prince Napoléon Bonaparte, qui ne lui plaisait point, et qui ne lui offrait pas une surface assez dépouillée d'aspérités, pour qu'elle y trouvât une compensation.

Il se retira dépité, et la comtesse s'en alla aux eaux des Pyrénées, où elle se moqua beaucoup de son adorateur. Il n'était encore riche que d'ambition et d'espérances.

La roue tourna, elle se repentit, prit de bons conseils et se décida à frapper un de ces coups hardis qui décident de la destinée. Elle consentait, à la rigueur, à accepter la présidence, comme un pis-aller, mais elle flairait la couronne d'impératrice et ne voulait pas qu'elle lui échappât.

Le prince chassait à Compiègne, avec ses affidés, il n'y tenait pas encore cour plénière; elle médita un costume d'amazone, d'une coquetterie savante, qui fit ressortir tous ses avantages, et, au moment où on s'y attendait le moins, elle apparut comme Diane, au milieu de la forêt, conduisant son beau cheval, avec une souplesse espagnole, qui charma tout d'abord l'ancien amoureux, et ralluma sa flamme plus vive que jamais. La comtesse et sa mère furent invitées à venir au château, on leur en fit les honneurs de manière à les convaincre qu'il ne tiendrait qu'à elles d'y rester.

Napoléon n'était pourtant pas seul en villégiature. Il était alors en liaison avec une femme qui l'a véritablement aimé, qui fut la compagne de ses jours difficiles et qui n'eut de ses grandeurs qu'un reflet doré, bien dû à son désintéressement primitif et à son dévouement sans bornes. Il est à remarquer que pendant toute sa vie l'empereur n'eut presque que des maîtresses étrangères. Deux Anglaises devinrent tour à tour les anges protecteurs de son exil et de ses hasards; il épousa une Espagnple; des Italiennes, des Polonaises, des Russes et des Américaines le charmèrent tour à tour. Son Leporello eut trouvé très-peu de Françaises à porter sur sa liste. Il était si peu Français.

La sultane régnante n'habitait pas le château, mais elle en était fort près, et savait, par ses amis, tout ce qui s'y passait. L'arrivée de mademoiselle de Montijo lui fut signalée; elle apprit avec effroi la recrudescence de cet amour. Ainsi que cela arrive ordinairement son sentiment vrai la rendit maladroite; elle voulut empêcher le mal, elle aida à son exécution.

Jugeant sa rivale d'après elle, dupe de ses rigueurs intéressées, elle crut la détourner, en lui révélant le complot qu'elle avait surpris et en l'engageant à se tenir sur ses gardes.

En conséquence, elle la fit prévenir que Son Altesse, décidée à vaincre sa résistance, viendrait le soir même dans sa chambre, par une porte dérobée, lorsque tout dormirait au château. C'était à la comtesse à se préserver de la visite et à empêcher un scandale. Avertie maintenant, rien n'était plus facile.

La belle Eugénie sentit que de cette soirée allait dépendre son avenir. Elle quitta en rentrant sa toilette de salon, reprit son habit de cheval et attendit, la cravache à la main, la tentative insolente dont on la menaçait. Elle ne mit pas le verrou, elle ne fit aucuns préparatifs, elle avait assez d'elle-même pour vaincre.

On ne l'avait pas trompée : à l'heure des fantômes le prince se présenta.

Elle se leva à son aspect, pâle d'émotion, caressant son petit fouet, et lui demanda, en tremblant de colère, ce qu'il venait faire chez elle à une pareille heure. On avait coqueté toute la soirée, mademoiselle de Montijo ne s'était pas montrée féroce, elle n'avait rien accordé, rien promis, mais elle avait laissé soupçonner qu'elle s'attendrirait tôt ou tard. Le jeu des femmes qui veulent triompher en pareil cas, est de cacher la certitude sous une lointaine espérance.

Napoléon ne s'attendait donc pas à tant de hauteur. Il en fut d'abord déconcerté et ne répondit qu'en hésitant, ce qui la rendit maîtresse de la situation. Elle le pressa de s'expliquer, du ton d'une femme qui donne un ordre, et qui n'en veut pas recevoir. Il fit mine de s'approcher, elle leva sa houssine et lui en présenta la pointe comme si c'eût été une épée.

— Je n'ai ni frère, ni père, dit-elle, ce qui double votre lâcheté, mais je saurai bien me défendre.

L'empereur est un héros du cirque, c'est pourquoi tout ce qui est théâtral l'impressionne. L'attitude, le geste, la phrase, la scène tout entière ressemblait à un mélodrame, nous l'avons vue vingt fois au boulevard, il donna la réplique avec autant de feu que Laferrière, s'avoua vaincu, tomba à genoux et se mit à la merci de la noble dame.

On n'est pas plus chevaleresque, en vérité.

Les paroles s'échangèrent en cette nuit mémorable, rien ne pouvait racheter un pareil affront que la promesse, que la foi jurée de réparer une erreur impardonnable à tout autre qu'un mari. Bientôt après l'empire fut fait, et la sévère amazone reçut de la main de l'audacieux la couronne souveraine.

Il n'y a qu'heur et malheur, il n'y a que le savoir-faire en ce monde pour parvenir à son but. Refuser ou céder à propos est une suprême adresse. Les essais matrimoniaux du prince Louis n'avaient abouti jusque-là qu'à des déconvenues pour lui, ou pour celles qui les avaient vainement tentées. Une volonté ferme, la possession complète d'elle-même, conduisirent la comtesse de Téba au trône. Si elle eût aimé le prince, elle n'eût probablement pas été impératrice.

Peut-on répondre de soi quand on aime bien, qu'on est libre et que l'on sait le monde et son cœur?

III

Sommaire. — La lune de miel. — Un rêve de pierreries — L'étendard des prudes. - Une vertu de nouvelle fabrique. — Eugénia. — Votre Majesté — Les carpes. — L'ennui. — Le capuchon des amours. — Bonneau — Danse des écus. — La pruderie. — L'éclat. — Une nouvelle étrangère.

Les premiers moments de cette union furent un enivrement pour la nouvelle mariée. Elle se voyait dans son centre, uniquement appelée à cette condition de tête couronnée, ses journées se passaient à manier des pierreries, à inventer des parures, elle voulait surtout être la plus belle, comme elle était la plus haut placée. Il lui fallait conquérir non-seulement l'amour, mais l'admiration de ses sujets. Elle croyait rêver en se voyant aux Tuileries; mais bientôt accoutumée à son rôle, elle en arriva, comme tous les parvenus, à se persuader qu'elle avait toujours été comme cela et qu'il en devait être ainsi.

Il y a des femmes qui n'osent pas être indulgentes; tout d'abord on arbora à la cour, comme une enseigne, l'étendard de la pruderie. On voulut se poser en évidence, sur un pied inattaquable; pour commencer, la réalité resta au niveau de l'apparence. On prit la position au sérieux : le mari, amoureux de sa femme, ne chercha pas d'autres distractions aux difficultés de son établissement impérial; la femme, arrivée à une position inespérée, ne songea qu'à la remplir et à la conserver. La dévotion espagnole aidant, elle se crut, de très-bonne foi, appelée à promulguer une nouvelle espèce de vertu inconnue jusqu'à elle.

Cette vertu consistait à garder une fidélité scrupuleuse à la lettre de ses devoirs, à conserver les apparences, de manière à éviter tout scandale, tout en affectant un luxe de toilettes insensé, une soif inextinguible de plaisirs, à ruiner les fortunes les mieux établies. La frivolité fut la déesse du lieu; l'invention se développa outre mesure à l'endroit des chiffons, ce fut à qui produirait de nouvelles parures, la souveraine ne permit à personne de la devancer dans cette voie, l'univers sait avec quelle ampleur elle y a marché.

Cet ordre de chose panaché dura quelque temps, on persista presque deux hivers à jouer à la dignité, mais l'ennui montra le bout de son nez, un matin de semaine sainte, où l'on avait avalé un sermon diffus et des compliments sacrés que l'on commençait à trouver fastidieux.

Le sang aventureux bouillait dans toutes les veines. L'amour du maître, comme tous les amours à pleins bords et sans obstacles, s'était changé en habitude; madame, un peu blasée sur les révérences, regardait, par la fenêtre dans le jardin, ces heureuses femmes, libres de se promener, d'aller et de venir, sans une suite de chambellans, de dames, de laquais, sans ce décorum, si envié jadis, et qui pesait maintenant de tout son poids sur ses ailes à jamais pliées. Elle contemplait l'azur, l'espace, la verdure qui pointait; elle s'élançait en imagination dans les allées du bois, suivie de ses amis d'autrefois qui l'appelaient *Eugénia* et non par *Votre Majesté*.

Elle n'avait pour son auguste époux qu'une affection très-calme, et ses souvenirs lui représentaient une impression de feu, dont les malheurs et les larmes lui semblaient bien plus enviables que sa quiétude actuelle. Elle eût volontiers dit avec madame de Maintenon, contemplant les carpes allanguies dans les eaux claires des bassins de Fontainebleau :

— Elles sont comme moi, elles regrettent leur bourbe!

C'en était fait, l'impératrice s'ennuyait désormais. La cour, attentive à ses moindres mouvements, s'en apercevrait bien vite, d'ailleurs la cour, impatiente elle-même de ce joug hypocrite, n'aspirait qu'à le répudier. Déjà bien des liens couleur de rose se devinaient à travers le sévère manteau jeté sur les folies de la jeunesse. On *s'arrangeait* en se cachant, ce qui n'empêchait pas les racontars. Tout se savait, tout se répétait bien bas, la tenue de la couronne imposait l'apparence, on s'en dédommageait largement.

Les amours encapuchonnés rasaient les murailles. On les établissait sur des bases assez solides pour ne pas les voir emportés par le premier ouragan.

Dans la famille impériale même, on préparait des surprises à la morale. Le cousin se créait de joyeuses relations, qu'il devait afficher plus tard, tandis que la cousine préludait à une installation intime, qui, dans l'avenir, devait se consacrer par les faveurs, les places, les cordons, les honneurs de toutes sortes.

Quant au Sire, il avait une grande tâche à remplir et il lui restait peu de loisirs pour la galanterie. Il regardait néanmoins par-dessus les murailles et par-dessus les grilles, ce n'était encore qu'à l'état de projets et d'aspiration; l'ambition, les exigences et les satisfactions du pouvoir le remplissaient tout entier, il voyait poindre à l'horizon une ère de dédommagement dont il se promettait bien de profiter.

Il y eut alors quelques intrigues cachées, que le Bonneau en titre prépara comme distractions aux travaux incessants et qui n'eurent point de suite. La femme ne s'en douta pas, l'entourage resta muet, le palais conjugal fut respecté, on trouva des asiles complaisants et même, s'il faut en croire la renommée, l'Élysée vit se rallumer mystérieusement les flambeaux des soupers. Les comédiennes faciles y reparurent, les familiers spirituels les y conduisirent, et plus d'une nuit de labeur supposé se passa entre le vin de Champagne et les joyeuses filles qui le versaient, en en buvant largement leur part.

Les écus dansaient gaiement, pourtant c'était encore peu de chose, et les conséquences n'en avaient aucune gravité pour les rouages de la chose publique. On enlevait un emploi, une décoration pour un amant de cœur, entre deux baisers, cependant les protections occultes étaient peu nombreuses et ne se produisaient guère qu'à l'état d'exceptions, à peu près ignorées de tous. On murmurait sourdement, nul ne parlait tout haut, on commençait à ne pas oser, le pouvoir devenait raide et hautain, les espions pleuvaient, ceux qui disaient leurs pensées sans ménagements étaient tout bonnement appréhendés au corps dans la rue, beaucoup disparurent alors. On plumait la poule avec acharnement, mais non pas sans la faire crier.

La cour devenait d'un brillant sans pareil, les fêtes succédaient aux fêtes, le monde officiel tenait la corde et ne la lâchait pas. Les étrangers affluaient à Paris, et les étrangères prenaient déjà aux Tuileries les premières places, les Françaises s'effaçaient devant elles.

Le second empire fut le règne des étrangères, on ne peut le nier et je l'ai déjà fait remarquer plusieurs fois.

Il se forma plusieurs coteries, et chacune eut sa couleur. Celle de l'impératrice débuta par un escadron de bégueules, elles bâillèrent si bien qu'elles sentirent la nécessité d'un élément plus folâtre. Le ciel le leur envoya sous la forme d'une jeune ambassadrice, qui devait produire à Paris une révolution et transformer totalement la société.

Il est indispensable de la faire connaître, beaucoup en ont parlé, beaucoup en ont écrit, aucuns ne l'ont jugée comme elle mérite de l'être certainement. Ce n'est point une personne ordinaire, elle est étrange et ne peut être appréciée à sa valeur que par ceux qui la connaissent véritablement.

Loin d'être jolie, elle passe pour laide, elle ne l'est pas, bien qu'elle le paraisse au premier abord. Elle a de beaux yeux : ses traits irréguliers sont animés par la flamme d'un esprit plein *d'humour* et de vivacité. Elle est, sous ce rapport, beaucoup plus Française qu'Allemande. Sa conversation piquante, ses remarques originales, lui donnent une apparence de légèreté plus factice que réelle.

Le côté sérieux de son être est son cœur. Elle aime bien, elle se dévoue à ses affections, elle peut être violente, emportée, partiale, mais de même que dans les inconvenances qu'on lui reproche elle reste grande dame, de même dans ses étrangetés la bonté de sa nature surnage et la fera toujours excuser par ceux qui savent ce qu'elle valut.

Ceci est le beau côté de la médaille, voyons l'envers.

Ce qui lui manque le plus, c'est la justesse d'esprit, c'est le sentiment de ce qui existe. Elle se croit tout permis hors une seule chose. Cette *chose* étant réservée, son honnêteté soutenant sa conscience, elle se jette la tête la première dans les extravagances, elle met une sorte de gloriole à en commettre, et s'amuse de celles qu'on lui prête, lorsqu'elle n'en est pas coupable. Elle rit de l'opinion, elle s'en joue, et se prétend assez grande pour la braver.

Tout Paris avait les yeux sur elle; ses toilettes, ses habitudes, ses moindres démarches, se jetaient en pâture aux sots qui les commentaient. Elle est devenue, pour ainsi dire, légendaire.

Il n'est pas un courtaud de boutique qui ne s'accorde le droit de la juger et qui, très-probablement, ne l'insulte dans sa pensée, et cela parce qu'elle a prêté le flanc aux petits journaux, disposés à répandre les scandales, à en inventer, au besoin. Elle y donnait matière, par ses allures.

Par exemple, — et ceci est un fait entre mille, qui tombe sous notre plume, — se trouvant dans un magasin à l'heure où on allume le gaz, elle voulut absolument remplir cet office, au grand ébahissement de l'assistance. Elle grimpa sur les comptoirs, le bâton à la main et riant aux larmes de cette gymnastique inusitée pour les femmes de son rang. Ceci se répéta comme une traînée de poudre, et Dieu sait ce que l'on en augura.

Elle s'en moquait complétement et en riait la première.

Nous avons trois reproches bien plus graves à lui adresser. Par le seul désir de s'amuser et de se montrer originale, elle causa un tort incalculable à la France. Elle fit naître trois des causes de notre ruine, sans aucun parti pris de nous nuire.

D'abord ces façons dégagées, cet oubli complet des exigences de la société, engendrèrent des prosélytes, qui, loin d'être innocents comme elle, s'empressèrent de l'imiter en renchérissant, et généralisèrent ce que sa personnalité et sa grande position n'excusaient même pas.

On vit éclore par suite de ces imitations : *les cocodettes*.

Puis elle inventa les couturiers.

La moindre pécore ayant des prétentions à se faire admirer s'improvisa excentrique et prêta à rire aux gens, ce fut un inconvénient supportable, elles y gagnèrent du ridicule et voilà tout.

Pour les cocodettes, c'est une autre histoire. Le début ne paraissait pas absolument mauvais en principe, mais il dégénéra. Ce fut d'abord de *très-hon-*

nêtes femmes, — ne riez pas, cela était ainsi, — qui, à la suite de la princesse, s'enrôlèrent sous le drapeau du sans-gêne et de l'entière liberté. Elles voulurent faire admettre cet axiome et le mettre en action :

« Parce que l'on aime son mari, parce qu'on
» lui est fidèle, ce n'est pas une raison pour
» s'ennuyer, pour se priver de joyeuses parties,
» nous voulons donc nous divertir à bride abattue,
» nous ferons *tout* ce que font les femmes..... équi-
» voques en face du public, mais nous répudions
» *tout* ce qui se passe dans le huis-clos des bou-
» doirs. Nous resterons chastes, irréprochables,
» devant nous-mêmes, peu nous importe les ca-
» lomnies du monde et ses jugements. »

Ce programme, exécuté à la lettre, la confrérie des cocodès et des cocodettes fut créée, et fonctionna sur une large échelle. Les maris des cocodettes devaient être de droit des cocodès, seulement ils ne s'astreignaient pas à leur femme et devenaient le cocodès d'une autre, en tout bien tout honneur. La première règle de l'association était la camaraderie; ces dames et ces messieurs fumaient ensemble, étendus sur les tapis, montaient à cheval, faisaient des soupers dans les cabarets à la mode, organisaient des parties de campagne, donnaient des bals exclusifs ; ils devinrent comme une petite synagogue dans la société. On n'y admettait pas tout le monde.

Il fallait oublier à la porte tout autre sujet de conversation que la toilette, la médisance, l'écurie, les courses, les cocottes, — cette chambre basse de la fashion, — les livres saisis par le bureau des mœurs, Offenbach et son répertoire, et les caricatures de la *Vie parisienne*.

Un mot de bon sens, de saine littérature, d'appréciation sociale, de théâtre convenable, d'esprit délicat, était banni comme un outrage et devenait une cause d'exclusion.

Ceci bien établi, on marcha sur toute contrainte, on se compromit le plus innocemment du monde, on fit des orgies, on se donna en spectacle à un public, qui ne voulut pas accepter les bonnes intentions et qui, comme à Saint-Cloud, par exemple, hua bel et bien cette fine fleur de l'élégance, après une exhibition accentuée sur le balcon du restaurant. La foule assemblée en bas prit ces hallucinés pour une bande de saltimbanques ivres et les siffla.

On en rit beaucoup chez l'impératrice, où, dans l'intimité, on secouait l'étiquette, et l'on allait jusqu'à danser le cancan!

Ces apparences de désordre, d'abord fallacieuses, devinrent bientôt réelles, la faiblesse humaine est si grande! A force de se rencontrer sans frein et sans mesure, les cocodès et les cocodettes jouèrent sérieusement leurs rôles. On signala plusieurs chassés-croisés dans les ménages; à Compiègne et à Fontainebleau, on se trompa quelquefois de porte. Les cas d'adultère menaçaient de devenir graves et même contagieux.

La fondatrice et quelques autres, fidèles à l'esprit primitif de l'institution, flairèrent un danger : on chassait sur leurs terrains, tandis qu'elles se renfermaient dans les bornes de leur propriété. Elles prirent l'alarme et se retirèrent. On assure que leurs maris ne se retirèrent pas, quelques-uns du moins. Elles se plaignirent, elles crièrent, elles parlèrent trop haut des traités rompus, il en résulta des scandales, des découvertes et des ruptures.

Des correspondances furent livrées, des maris

cocodès ou non, intervinrent, il y eut des duels répétés et funestes. Dès lors l'association découronnée tomba en désuétude. Elle se débanda, se fondit dans les coteries, et le mérite de ses efforts s'échappa en fumée.

Restaient les couturiers, cette autre plaie, que la misère générale va fermer, nous l'espérons, ce sera un dédommagement.

On ne peut se faire une idée de ces établissements, si on ne les a pas vus. Il est nécessaire de décrire ces espèces non classées jusqu'à nous et qui sans doute ont déjà disparu.

Un couturier à la mode était un autocrate, aux arrêts souverains, à qui rien ne résistait dans sa spécialité. Il décidait de la beauté, de la grâce, de l'élégance de ses *sujettes*. Il ne les habillait pas à leur fantaisie, mais à la sienne, et ne souffrait pas une observation. Aussi en deux ans de temps, ces étrangers, — tous les couturiers célèbres étaient étrangers, — en deux ans puissamment aidés par l'impératrice, ils ont perverti le goût de la France, ce goût exquis, qui s'imposait à toute l'Europe, et qui nuançait si délicatement les couleurs, les âges, les positions. C'est la première suprématie que nous ayons perdue; elle est plus importante qu'elle n'en a l'air.

Ils ont fait une révolution sans précédents, ils ont bouleversé toutes les règles de la toilette, si nous devons en croire des personnes très-compétentes. Plus de démarcation entre l'hiver et l'été, le velours, le satin, la paille, le crèpe étaient admis en toutes saisons. On employait pour les brunes les nuances des blondes et *vice versa*; il en résultait un tohu-bohu digne des sauvages.

Vous entriez chez ce paltoquet, vous, jeune femme, il vous toisait des pieds à la tête, prenait pour ainsi dire mesure de votre beauté et, après une affectation de silence, comme s'il s'agissait de prononcer entre la république et la monarchie, il vous disait :

— Madame, on va vous faire un costume bleu, avec tels ornements, telle jupe, etc., — vous pourrez venir essayer mardi.

— Mais, monsieur, il me faut ma robe lundi,

pour un dîner indispensable, et puis je ne veux pas de bleu, il me va très-mal, je porte du jaune ou du rose.

— Non, madame, vous porterez du bleu, ou je ne m'en mêlerai pas, et je ne puis changer votre jour, ils sont tous pris. C'est l'usage de ma maison.

C'était à prendre ou à laisser. Il ne reconduisait que les duchesses, les princesses et les femmes de plus de cent mille livres de rente ; il se dérangeait à peine pour les marquises, les comtesses obtenaient un signe de tête, les baronnes un petit salut, le reste attirait tout au plus son attention, il se faisait remplacer. Ce qui arrivait en fiacre, ou sans laquais était rangé dans le fretin. Jamais il ne se vit insolence pareille. Et les plus hupées lui faisaient la cour! Il les recevait à la campagne, elles déjeunaient chez lui ; on s'y donnait rendez-vous pour le *lunch*, toujours préparé pour les privilégiées, dans un salon à part. Là on causait, on riait, on faisait la mode. Le maître du logis traitait avec ces dames de grande puissance à petite. Quelques élus pénétraient dans ce cénacle, les maris ne s'y montraient guère, c'était l'arsenal de leur ruine.

Nous avons entendu dire, sans vouloir y ajouter foi, que la pièce des *Lionnes pauvres* n'était point une fable ; que souvent on avait vu chez les couturiers des hommes de la société, apportant de la part de *madame ceci ou cela* le montant d'un gros mémoire, dont le chef de la communauté n'avait pas connaissance. D'autres y mettaient plus de mystère, mais la source n'en était pas moins révélée.

Nous le répétons néanmoins : sur notre conscience, nous n'en croyons rien.

Au moment fixé pour l'essayage, le maître se tenait en face de sa cliente, examinant à distance l'effet général. Il indiquait à l'ouvrière les rectifications, les pinces, les plis, enfin tout ce qui constitue le moulage d'une taille. Le suprême triomphe de ces dames était d'être transformées par ces savantes mains en cocotte de première grandeur. Si un passant, un étranger les rencontrant au bois, aux courses, les prenait pour telles, leur orgueil n'avait plus de bornes. Elles riaient de l'outrage et le transformaient en gloire.

Quant au paiement, une robe un peu ornée coûtait de quinze cents à deux mille francs; une toilette de bal, — qui se portait une fois, — trois mille; un costume pour une fête travestie, cinq ou six mille, on le montrait pendant trois heures, et c'était fini, il ne reparaissait jamais.

Quelles fortunes eussent soutenu de pareilles dépenses? Quel gouvernement eût résisté à une telle démoralisation ?

La spirituelle étrangère dont nous avons parlé fit rejaillir sa vogue sur ces inventions de son originalité, sur les protégés de son caprice. Elle a donc ainsi puissamment aidé à notre décadence. Aussi l'a-t-on constamment méconnue, constamment accusée, nous l'avons dit. Pour ne citer qu'un de ses plus retentissants méfaits, son intimité avec la cantatrice du *Sapeur* est une chimère, elle ne l'a jamais reçue chez elle.

L'impératrice a voulu l'entendre, cela est vrai, elle a chanté aux Tuileries, dans un concert, elle y réussit peut-être *in petto*, officiellement elle fut honnie. Sa prétendue amie n'y était pour rien.

IV

Sommaire — Le soudan. — Une place sans titulaire. — Peu de préliminaires. — Le sire de Framboisi. — Le roi Soleil. — M. de Montespan. Enlèvement conjugal. — Révolte. — La route de Paris. — Costume déshabillé — Le mystère. — Zaïre. — Un cent-garde — Garde à vous! — Les baisers conquis. — Le laquais et l'escalier. — Prudence. — Le confident. — Exigeance. — La senora Eugenia — Dialogue varié. — Le mot claquant de la fin. — Embarquée! — Mémoire — La Vallière. — Toujours Versailles!

Le temps vint où le soudan allait enfin chercher une liaison sérieuse.

Il arriva d'Italie une splendide créature, jeune, facile à entraîner, sensible, sans un esprit transcendant, juste comme il la fallait pour occuper une place fort enviée et jusque-là sans titulaire. Le jour de sa présentation, elle produisit un effet universel, au-dessus de toutes rivalités et fut immédiatement remarquée par le *grand Alcandre*. Elle le sut aussitôt que lui ; les femmes devinent ces choses-là avant celui qui les éprouve.

Les courtisans l'apprennent avant que personne en ait parlé.

Aussi la comtesse devint-elle en quelques jours la reine de beauté. Elle eut une armée d'adorateurs, elle eut des esclaves, on adorerait une guenon, si elle tenait le sceptre. Les préliminaires ne durèrent pas longtemps, on sut bientôt dans tout Paris que l'empereur se rendait seul à une certaine heure, à un certain hôtel, habité par l'étrangère. Soit que les précautions fussent négligées, soit que le comte fût soupçonneux, soit que quelque méchant indiscret le prévînt, il apprit tout.

Il se passa alors un drame dont les circonstances sont peu connues.

Cet honnête homme aimait sa femme, il ne consentit pas à accepter un rôle indigne, et devint pour les Parisiens le sire de Framboisi. Sans trancher la tête de l'infidèle *d'une balle de son fusil*, il se décida à défendre son honneur, et emmena précipitamment la comtesse dans son pays.

Ici une remarque est indispensable : Napoléon joua tout le temps au Louis XIV dans l'intérieur de sa cour, aussi le public et les chroniqueurs d'appliquer à son règne, à ses intimités surtout les personnages du temps du grand roi. Ainsi le comte passa du sire de Framboisi à M. de Montespan, quand il voulut, comme le mari d'Athenaïs de Mortemart, soustraire sa femme à la séduction. Celle du roi Soleil était plus dangereuse que celle de l'empereur Badinguet.

Ce rôle de M. de Montespan n'était pas facile à jouer avec une personne que sa tête, son cœur peut-être, entraînaient à grande vitesse. Les scènes se répétèrent pendant le voyage, la jeune femme n'avait que trempé les lèvres à cette coupe enivrante des hommages souverains, qui mettaient toute la cour à ses pieds. Elle se révolta contre la tyrannie du devoir, contre l'affection de celui dont elle portait le nom, et déclara un beau matin sa résolution de retourner à Paris.

Le comte demeura inflexible, elle ne céda pas, il

en résulta une guerre acharnée entre eux. Les lettres de France, plus ou moins directes, plus ou moins cachées, entretenaient la volonté de la jeune femme, son mari lui déclara hautement que *jamais* il ne consentirait à son départ. Après une nuit de luttes et de fièvre, elle lui déclara à son tour qu'elle ne resterait pas une heure de plus, que les caisses étaient fermées et qu'elle s'en irait à l'instant.

— Pas tant que je serai votre mari, lui répondit-il.

Et, comme la rigueur resta impuissante, il essaya de la ramener par la tendresse, par le tableau de son malheur, des larmes de sa famille et de son propre désespoir. Elle s'attendrit, elle promit tout ce qu'il voulut, il se crut sauvé, il crut l'avoir reconquise, — huit jours après elle courait sur la route de Paris.

Le délaissé ne se montra pas faible, il demanda une séparation dont les raisons prouvées parurent très-faciles à déduire, et rompit avec elle, en lui prédisant l'abandon, la douleur, fruits invariables d'une relation de cette sorte. Elle n'en persista pas moins, et devint la maîtresse impériale, si affichée qu'elle dut cesser de se présenter à la cour.

On la reçut néanmoins dans le monde officiel, nul n'osa l'en bannir. Paris n'a pas oublié le tapage que produisit un travestissement décrit dans tous les journaux; la favorite parut presque nue à un bal ministériel, et son triomphe de beauté fut complet.

Le fait eut un tel retentissement que l'impératrice éclata; une scène des plus violentes, et la furia espagnole poussée au dernier degré, obligèrent de renoncer aux exhibitions, aux hommages publics, il fallut se contenter d'un bonheur intimement caché.

Tous les jours, Napoléon III se rendait seul, dans une voiture de ville, sans insignes, chez son adorée, personne ne l'accompagnait, sauf un domestique de confiance, vêtu de manière à ne pas attirer l'attention. On ne recevait qui que ce fût pendant cette heure donnée à *Zaïre*, à moins d'une exception prévue ou préméditée par la comtesse, pour quelque motif particulier.

Ces visites offraient un danger réel, plusieurs

attentats avaient déjà eu lieu contre la vie de l'empereur. Un cent-garde, disait-on, et nous avons quelque raison d'y croire, l'avait acculé derrière une porte, dans un des couloirs des Tuileries, où il était de planton ; si le hasard n'eût amené un défenseur, il l'eût certainement poignardé. Le soldat ne reparut jamais, on le mit à mort secrètement.

La tentative d'Orsini avait eu lieu, ainsi que celle des Italiens, où la Ristorì donnait une représentation extraordinaire. Les conspirateurs ne furent pas jugés non plus, on étouffa cette affaire, et bien d'autres, on craignait d'éveiller les haines — déjà si vivaces — et de susciter des vengeurs.

L'amour de la comtesse s'embellit de tous les charmes du danger bravé. Le mystère et le péril sont les moteurs sûrs et romanesques d'une liaison de ce genre. On sort ainsi de la monotonie habituelle, les baisers conquis ont une saveur qu'ignorent les tranquillités de la possession.

Un soir, l'empereur vint plus tard que de coutume, la nuit commençait à tomber, on n'avait pas encore éclairé l'escalier. Il montait avec toute la vitesse de la passion, un valet de pied marchait devant lui pour l'introduire, tout à coup cet homme se retourna, se jeta sur Napoléon et le renversa. Celui-ci poussa un cri terrible, les domestiques accoururent, encore à temps cette fois. La comtesse se précipita vers son amant, et l'enserra de ses bras devant tous, elle avait perdu la tête.

On fit entrer les agents, qui rôdaient sans cesse autour de l'hôtel, on arrêta le coupable, entré depuis quelques jours seulement au service de la maison. Il avoua s'y être introduit dans le seul but qu'il venait de remplir, ou plutôt de manquer, il n'était nullement valet de son état. On le fit disparaître comme les précédents.

Cette panique força les amoureux à la prudence. L'intendant général des plaisirs, un de ces hommes qui semblent nés pour la place qu'ils occupent, inventa une façon de se voir moins sujette aux assassinats, mais tout aussi féconde en accidents d'un autre genre. La belle se rendit chez lui aux Tuileries sous différents déguisements, dont nul ne se douta; tout au plus passa-t-il aux yeux des subalternes pour dissimuler une bonne fortune; quant à la part qu'y prenait le maître, aucun ne s'en douta.

Ce mode nouveau réveilla plus que jamais la saveur des entrevues. La comtesse se sentit aimée avec ivresse, et voulut essayer son pouvoir, elle exigea que l'empereur la reçût dans son cabinet. Il céda avec beaucoup de peine, un hasard pouvait la faire découvrir et rendre toutes les précautions inutiles. Ce hasard ne manqua pas de se présenter.

Le ..... confident, appelons-le *Bonneau*, placé en vedette devait interdire l'entrée aux curieux. Il remplissait fidèlement son devoir, les importuns s'arrêtaient à ce seuil, lorsque parut tout à coup la senora Eugénia, sans aucune suite, comme une femme qui désire être seule avec son mari. La situation devenait critique, mais le gardien était de ceux qui savent résister. Il se leva respectueusement et se dressa devant la porte, armé de son sourire le plus obséquieux.

Elle lui fit signe de s'écarter, il ne bougea pas.

— Laissez-moi passer, monsieur, dit-elle enfin, impatientée ; je veux entrer chez l'empereur.

— J'en demande pardon à Sa Majesté, c'est impossible.

— Impossible! Et pourquoi?

— L'empereur reçoit en ce moment une personne de la plus haute importance, il ne veut être dérangé sous aucuns prétextes! j'ai l'ordre formel de ne laisser pénétrer qui que ce soit.

— Pas même moi!

— Pas même Votre Majesté.

— Je veux entrer pourtant, et j'entrerai.

— Que l'Impératrice veuille bien ne pas me réduire à lui résister.

— J'entrerai.

— Hélas! non, madame.

— J'entrerai, vous dis-je, et vous allez le voir.

Elle le poussa d'un mouvement brusque, et comme il fut plus prompt qu'elle, et se plaça devant la porte, elle lui décocha une paire de soufflets dont le bruit retentit jusque dans la pièce voisine. A l'instant l'empereur parut. Sa vue la rappela à elle-même, au souvenir de sa dignité, tout en redoublant sa colère. Elle ne dit pas un mot, se retourna, ne jeta même pas un regard sur lui et sortit du salon d'attente.

Rentrée chez elle et sans prendre le temps de réfléchir, elle donna ordre de tout préparer pour son départ. Elle n'emmenait aucune suite, elle ne prenait conseil de personne, elle voulait quitter Paris, la cour et son époux. Celui-ci ne l'en empêcha pas, il ne se sentait pas exempt de reproches, il la connaissait et la savait très-capable d'éclater devant tout le monde, le soir même, s'il la contrariait, et ces sortes de scènes répugnaient à son humeur.

Ils ne se revirent même pas. L'impératrice s'embarqua pour l'Angleterre, où elle alla se calmer à la campagne, au beau château d'Hamilton. Elle resta absente deux mois à peu près. Lorsqu'elle revint, l'orage s'était apaisé, mais elle ne pardonna jamais au complaisant et ne le traita plus qu'avec une feinte bienveillance.

Cet événement fit perdre à la comtesse le charme

des difficultés et des émotions. L'amour s'alanguit, et bientôt il s'envola. Elle employa tous les moyens possibles pour le rappeler ; chacun sait que c'est inutile et que plus on le cherche, plus il fuit. La pauvre femme se rappela les prédictions de son mari, l'abandon et la douleur arrivaient ainsi qu'il l'avait annoncé. L'exaltation de ses idées la fit tourner à la dévotion et jouer, dans la mesure de son pouvoir, le rôle de La Vallière. Nous possédons une photographie d'elle, qui la représente en costume de carmélite, derrière une grille, comme devait être l'amante délaissée du grand Louis. Ses mains s'attachent aux barreaux et ses yeux, baignés de larmes, s'élèvent vers le ciel, avec une expression de regrets et de passion déchirante. Elle est admirablement belle ainsi.

Encore un souvenir de Louis XIV ! on nous les a tant rappelés qu'ils reviennent malgré nous, nous en trouverons d'autres.

Cette image fut donnée aux amis, cependant on n'était pas fâché qu'ils la distribuassent. Ce désespoir pieux plaisait à cette imagination galopante. Comme son modèle, elle eut des retours, on la revit à deux ou trois reprises dans le monde, où elle inspirait désormais plus de curiosité que d'intérêt. Effet ordinaire de la disgrâce.

Depuis elle a disparu, et bien peu se souviennent d'elle à présent.

V

SOMMAIRE. — Toujours Lous XIV. — La princesse de Soubise. — Une charmeuse — Une chambre à Compiègne. — La mouche. — L'Anglaise et la lettre. — Lady Stanhope. — Le Pourvoyeur. — La carte du Tendre. — Shocking. — Ultimatum — Le fruit mûr. — *Anglaisement* gourmande. — Une énigme. — Enseigne effacée. — Un rhumatisme béni. — Un jeune homme blond. — L'ambassadeur — La belle féronnière. — Pris au piége. — Disparue! — Le diable s'en est mêlé. — Une promenade matinale. — Une quêteuse.

Nous avons, en notre siècle de progrès, la fureur de l'imitation. Napoléon et sa cour jouaient beaucoup au Louis XIV, je l'ai dit. On en recherchait les traditions, on suivait l'étiquette du grand roi, ce qu'avait déjà tenté l'oncle; on eût bien désiré s'asseoir à ses côtés dans le char du soleil, mais ce n'était pas aussi facile aujourd'hui qu'alors. Le soleil est bien haut, pour qu'on puisse l'atteindre.

La belle étrangère dont nous venons de parler aurait résumé en elle Montespan et la Vallière. A défaut d'une Maintenon, qui ne s'était pas encore présentée, nous eûmes une princesse de Soubise, qu'on me permette de lui conserver ce nom, lorsque je parlerai d'elle, il ne compromet personne et il est transparent, surtout pour ceux qui connaissent à fond la chronique privée de ce règne évanoui.

L'autre princesse de Soubise, la vraie, eut avec le roi une liaison élastique, qui dura pendant toutes les autres, qui leur survécut et que la conversion seule du monarque fit cesser, aidée toutefois d'une maladie, qui cloua la princesse sur un lit de souffrances, où la faveur ne l'abandonna pas. Ce sentiment ne fut jamais déclaré, aucune favorite n'osa en exiger la rupture. Cela pouvait passer pour une pure amitié, toutes les apparences étaient gardées, le prince de Soubise accepta la chose ainsi et ne se fit aucun scrupule des honneurs, des titres, des pensions, dont lui et les siens furent comblés, grâce à cette *amitié* si constante.

La Soubise de Napoléon III n'était pas une Rohan. Étrangère, comme presque toutes ses rivales, on le sait, elle appartenait aussi à une famille princière. Elle épousa un parent morganatique des

Bonaparte et prit bien vite une place meilleure que celui-ci à la cour.

C'est que cette princesse est la séduction, la grâce même. Elle n'a pas la beauté régulière et plastique, elle a le charme. Il suffit de la voir pour l'aimer et pour désirer lui plaire. Elle exerce cet empire même sur les indifférents, aussi bien sur les femmes que sur les hommes. Tous ceux qui l'approchent la quittent fascinés. Son refus ne blesse pas, elle semble plus fâchée que vous-même d'être obligée de le faire. Enfin, c'est une charmeuse; ce mot seul peut la peindre au naturel.

On comprend d'autant mieux qu'une pareille femme ait conservé son pouvoir envers et contre tout, qu'elle l'avait conquis par un regard, par un mot : rien ne pouvait le lui faire perdre. La délicatesse de son esprit, sa finesse exquise lui inspirèrent la conduite qu'elle devait tenir, elle n'en varia pas. Jamais rien que d'aimable n'émana de son influence, elle fut le repos, elle fut la distraction, la joie. Les soucis du gouvernement, les embarras de la vie, même les tracasseries de l'amour s'oubliaient auprès d'elle. Elle dirigea sa situation avec une telle adresse qu'il est permis de douter qu'elle fût pour le maître autre chose qu'une confidente. La chronique lui donna un autre titre, nous avons dû le signaler, sous peine de ne pas être exact, en laissant au lecteur le soin d'apprécier.

On ne peut rien raconter de précis à son égard, pour confirmer ces soupçons. Il courut, dans le temps, une certaine anecdote sur un changement de chambre à Compiègne, dont les détails se réduisirent à des conjectures. S'il faut en croire les racontars, on aurait failli surprendre le secret si bien gardé, à cause d'une porte mal close. Un dévouement intéressé aurait fait accepter le logement suspect par une amie, dont la médisance ne pouvait atteindre ni l'âge, ni le caractère.

La senora Eugénia était jalouse de ses droits, non pas des sentiments de son mari. Une de ces mouches de cour qui voient tout et tirent parti de tout à leur profit l'instruisit du fait. L'empereur avait passé près d'elle sans l'apercevoir, mais un mouvement involontaire la révéla. Grande alarme, à laquelle on trouva ce remède immédiat. Le lendemain, quand on s'enquit de cette chambre coupable, le nom seul de la parente charitable fit tomber jusqu'à l'ombre d'un doute. La mouche fut réprimandée et ne se releva pas de ce coup.

Nous le répétons, tout ceci ne sont que des conjectures et peut-être un souffle de vent les emporta.

Une chose plus réelle, ce fut l'aventure d'une magnifique Anglaise, romanesque et sentimentale. Bien qu'elle ait vécu ce que vivent les roses, elle vaut la peine d'être conservée.

Il arriva aux Tuileries une lettre adressée : *A sa Majesté l'empereur des Français*. Sous cette première enveloppe en était une seconde, portant pour suscription : *A Napoléon, absolument personnelle*. Elle fut en effet décachetée par l'empereur et par lui seul. C'était une déclaration, écrite en anglais.

La jeune fille avouait pour lui une passion irrésistible, qu'elle n'essayait plus de dompter, elle ne l'avait jamais vu, mais ce qu'elle savait de lui en faisait un héros à ses yeux. Elle lui consacrait désormais toute sa vie. Riche, orpheline, indépendante, elle prétendait ne pas se marier, afin de lui appartenir exclusivement. Elle ne se cachait pas et se souciait fort peu de l'opinion. En conséquence, elle arriverait à Paris en même temps que son épître, elle se logerait à l'*Hôtel Meurice*, elle attendrait sa visite, ou une réponse de lui pour décider de son avenir. S'il la repoussait, elle s'en irait comme lady Stanhope, fonder quelque principauté en Orient. Elle ne reverrait plus ni l'Europe, ni le monde, un amour pareil au sien suffisant au delà pour remplir une existence et ne pouvant être profané par aucun partage, même en pensée.

Il n'est guère d'hommes, je le suppose, que la curiosité, au moins, n'ait pas poussé vers cette aventure. Une heure après l'arrivée de l'Anglaise, le pourvoyeur était chez elle. Il la trouva d'une beauté rare, d'une excentricité complète, d'un entêtement, d'une franchise inouïe à l'endroit de sa passion. Son *rapport* fut des plus favorables, il y avait là une distraction charmante et une étude de caractère tout à fait bizarre.

A la nuit, le héros parut. Notre *excentric woman* ne se montra nullement déconcertée et soutint à merveille son personnage. Cette première visite lui fut favorable de tous points, ainsi que celles qui suivirent, de plus en plus rapprochées.

Elle exprimait bien parfois des idées singulières et laissait échapper des théories incompréhensibles; mais elle était si belle qu'on lui eût pardonné plus encore.

Il fallait enfin aborder la question principale, écartée jusque-là par un air majestueux qui imposait même au souverain. Il hésitait à franchir le Rubicon du sentiment, la carte du Tendre avait été parcourue sur toutes ses faces. Il se hasarda à laisser comprendre que la conversation continue, sans ponctuation plus réelle entre les phrases, ne pouvait avoir qu'un temps. La fille d'Albion se leva et se recula précipitamment de lui, comme une femme atteinte par la morsure d'un serpent. Elle lui demanda pour qui il la prenait et laquelle de ses paroles, de ses démarches pouvait autoriser ces façons inconvenantes. Jamais *shocking* ne fut aussi étoffé que celui-là. Et comme il se retranchait sur les espérances qu'elle lui avait données, elle lui débita le *speech* le plus britannique qui se puisse imaginer sur l'union des âmes.

Elle lui donnait sa réputation, son amour, son

dévouement, ses conseils; quant au reste, elle n'entendait pas qu'on le lui demandât. Elle choisirait elle-même le jour où il lui conviendrait de l'accorder.

Il se le tint pour dit, vint moins souvent et n'en parla plus. C'était le bon moyen apparemment, car, en dépit de tous les *shocking* de l'Angleterre, le fruit mûr tomba dans sa main. Des exigences de domination par trop répétées amenèrent la conclusion plus vite qu'on ne l'eût supposé. La belle miss ploya bagage et s'en alla quand elle se sentit seulement supportée.

Celle-là ne coûta à la France qu'une quantité incommensurable de comestibles et de friandises. Elle était *anglaisement* gourmande, et engloutit en quelques mois plus de truffes et d'écrevisses, de foies gras et de raisins que Chevet n'en vend dans l'année. C'était un plaisir innocent et bon marché en comparaison des diamants, des dentelles et des huit ressorts qu'elle aurait pu exiger.

Cette épisode ne précéda que de très-peu une intrigue, où l'empereur l'a échappé belle, et dont un pauvre garçon a porté tristement la peine, en échange d'un plaisir bien court. Ceci est difficile à raconter, c'est cependant une des énigmes les plus curieuses de ce règne. Le fait est inexplicable, mais il est certain ; tout Paris en a vu et su les terribles conséquences.

Un saint personnage, — ici commence déjà l'obscurité, — remit à une de ses compatriotes une recommandation des plus pressantes pour Napoléon. Elle venait lui demander la réparation d'une injustice et lui offrait ainsi un de ces rôles chevaleresques qu'il aimait à jouer. C'était aussi une très-belle personne, non pas d'une naissance très-élevée, mais d'une éducation suffisante, dont la vertu n'était pas une enseigne effacée. Elle a fait ses preuves.

L'homme pieux nourrissait-il quelque rancune contre l'empereur? Éprouvait-il l'envie ou le besoin de s'en débarrasser? Qui peut le savoir? Il n'a pas prit de confident. Tant il y a qu'il fit un singulier métier et que la galerie s'amusa fort à ses dépens quand le fait se répandit en portant son estampille.

La béate, arrivée à Paris, envoya sa pancarte et demanda une audience. Notre sire n'était point visible en ce moment, une des attaques de son rhumatisme compliqué le retenait sur son lit de misère. Cependant la curiosité. le talonnait, il chargea un de ses intimes de voir la relique et de lui raconter ce qu'elle pouvait être.

Cet intime, beau jeune homme blond, accepta la commission avec reconnaissance. Il avait de grandes manières, un certain esprit de boudoirs, de courses et de jockey, qui le faisait rechercher dans tous les *certains* mondes. Il se fit annoncer comme chargé d'affaires et fut admis en conséquence. Il ne put juger au premier coup d'œil que l'extrême beauté de la suppliante. Elle lui raconta avec des yeux brillants de larmes et d'enthousiasme les malheurs dont elle était la victime. Du reste, qui était-elle? D'où venait-elle? Pourquoi venait-elle? Nul n'eût pu le dire et, peut-être bien, nul ne le sait à présent.

Son histoire était-elle vraie? avait-elle un intérêt personnel à sa mission secrète? ne nous le demandez pas. Ceci est un mystère clérical qui ne sera jamais éclaici; il y a de bonnes raisons pour cela.

Le plénipotentiaire était de ceux que les femmes, surtout les femmes de ce temps, écoutent volontiers.

Il fut très-pressant, très-complimenteur. En homme consciencieux, il voulut remplir sa mission jusqu'au bout et faire un rapport circonstancié, avec connaissance de cause.

Ce rapport fut des plus favorables, et la cause, ainsi entendue, était gagnée d'avance. Le sire se réjouit de pouvoir exercer sa clémence envers une si charmante plaideuse et s'impatienta quelque peu de ce que sa toute-puissance échouait devant le mal rebelle à ses commandements.

Pendant ce temps, l'ambassadeur se gobergeait et continuait ses fonctions très-douces de représentant de Sa Majesté.

Quelques jours se passèrent, et le réveil fut terrible. Probablement le patron de la jeune femme connaissait en détail l'histoire de France. Il avait savouré en imagination la vengeance du féronnier contre François, premier du nom, qui fut envoyé de vie à trépas par une si gentille route, mais qui, pour avoir dérobé la femme de l'artisan, n'en déroba jamais plus une autre.

Le reproducteur de cette belle invention ne pouvait prévoir qu'elle atteindrait un autre but, et que le hasard, le diable et la fougue d'un jeune homme blond sauveraient du péril l'objet de sa haine. Il en fut ainsi cependant. Un matin le malheureux chargé d'affaires courut au logis de la belle, pour lui adresser des reproches sanglants. Il ne la trouva plus, elle avait disparu la veille et, depuis lors, on n'en entendit jamais parler. Désespérée probablement de s'être trompée d'adresse, prévoyant un prompt et funeste dévouement à sa mission manquée, elle s'était hâtée de fuir.

La pauvre victime de cette machination est morte l'année dernière, après avoir souffert des années un supplice atroce, après avoir perdu jeunesse, beauté, intelligence; le poison infiltré dans ses veines a résisté aux efforts de la science, aux soins assidus, rien n'a pu le sauver. Voyez à quoi tiennent les destinées des empires! Assurément si le jeune homme blond ne s'était pas jeté à la traverse, la guerre actuelle n'aurait pas eu lieu, et toutes nos misères, toutes nos défaites nous eussent été épargnées.

Quand nous vous disions que le diable s'en est mêlé!

VI

Sommaire. Du chien ! — Sûrs de leur fait. — On ne parle pas Vaugelas. — Frétillon. — Dubarry. — Danaé. — Les patineurs. — Les fouille-tout. — Le monde bavard. — Le nouvel astre. — Malaga. — Payés comptant. — Votre Altesse. — Parce que c'est vous! — Aux Tuileries. - Mon petit père. - Une lettre intime. — Le secret de la comédie. — Dans ses terres. — Un mari. — Est-ce du cœur? — Le diable vieux. — Ambassadrice de poche. — Les serviteurs. — Les reines d'un jour. — La balance et les regrets. — La pierre philosophale. — Les deux sœurs en amour. — Sara et Agar. — Un sultan. — Excellent principe. — La blonde sans fraude. — Marivaudage. — Jouer de malheur. — La plus durée. — Arrivée imprévue. — Une indiscrétion — Voyage. — Nécessité du retour — Les canons de la presse. — M. Loth — J'ai vu! — L'ange amour conjugal. — Le papa. — Le foyer de la famille. — Les grandes dames — Souper aux *Provençaux*. — Les murs follichons. — Les masques. — Inconnues. — Les cocottes de haut goût. — L'esprit prêté. — Les dettes. — Echange de procédés. — Une princesse compromettante. — Une mariée pour récompense. — Foin des préjugés — Essais inutiles. — Un comte pour un autre. — Pas de gêne. — L'amour gai. — Le voyage peu sentimental. — Aux eaux. — Les bavards. — Bah! — L'autre comte. — Allons-y! — Comment se passent ces choses-là. — Dénouement. — Quelques mots d'épilogue.

On comprend avec quelle reconnaissance le maître apprit l'infidélité de son mandataire et de quels dédommagements il eût payé ce dévouement, si ce mandataire en avait témoigné le désir. Celui-ci avait bien autre chose à souhaiter!

Délivré d'un si grand péril, guéri de son salutaire accès, Napoléon se reprit à la vie et se mit à chercher fortune, très-sûr qu'il s'en présenterait facilement, il se sentait en bonheur.

Après une nuit de travail et de graves préoccupations, il éprouva le besoin d'une promenade matinale, et courut au bois de Boulogne, escorté d'un seul aide de camp. Il revenait en causant, au pas, par un beau soleil d'hiver, lorsqu'il aperçut une femme assise sur un banc, dans l'avenue. Elle regardait en l'air, comme une désœuvrée et une quêteuse, sa toilette fantaisiste n'annonçait ni le goût ni la richesse; sa tenue n'était pas celle d'une bégueule, son apparence n'indiquait pas la sauvagerie. Bien qu'elle ne fût pas jolie, il y avait en elle ce que l'argot appelle *du chien*, une certaine souplesse de mouvements indiquait une grande habitude des exercices du corps. C'était une de ces créatures qu'il est très-permis de ne pas remarquer, mais qui restent dans la mémoire une fois qu'on les a regardées.

Elle se vit examinée et sourit.

Le pas des chevaux se ralentit encore, alors la donzelle, qui comprenait à demi-mot, se leva, marcha dans la contre-allée sur la même mesure, et les suivit sans affectation jusqu'à l'entrée des Champs-Élysées, où les voitures et les cavaliers abondaient déjà; un embarras la fit perdre de vue, ou bien elle se déroba dans une des rues adjacentes; enfin, on ne la vit plus.

Cette entrevue muette d'un quart d'heure avait suffi pour que les interlocuteurs se comprissent à merveille. Elle savait qu'elle avait plu; il savait qu'elle n'était pas farouche et qu'elle trouverait le moyen de n'en pas douter. Ils se reverraient certainement, chacun des deux en était sûr.

Le soir même, le sieur confident recevait une lettre contenant une carte, sur laquelle se lisaient un nom et une adresse. On avait écrit en haut :

« Pour remettre à qui de droit. »

Le lendemain les renseignements étaient pris. La demoiselle, ancienne écuyère du cirque et, pour le moment sans ouvrage, était une assez bonne fille, point farouche, qui *ne parlait pas Vaugelas*, mais qui causait écuries, clubs et cheval mieux qu'un sportman émérite. Gaie, vivante et vicieuse, il y avait en elle l'étoffe d'une Frétillon;

— ses cotillons ne se comptaient pas par douzaines. — Par la grâce de Dieu, elle était toute propre à devenir une Dubarry, si le besoin s'en faisait sentir.

L'empereur tomba chez elle comme Jupiter chez Danaé, et fut reçu avec la même soumission. Il trouva du piquant à ce changement d'étiquette, — sans calembour, — et s'amusa énormément du sans-gêne, de la grosse gaieté, des libres propos de sa nouvelle conquête.

La liaison fut d'abord ignorée, nul ne pensa qu'il pût chercher dans ce monde-là ses distractions. Ils se rencontraient tous les jours au bois, où de belles gelées permettaient de patiner assez assidûment. On se croisait sur la glace, on se regardait, on échangeait quelques mots à la dérobée, ce ne fut pourtant pas assez évident pour qu'on le remarquât d'abord et qu'on en tirât des conséquences.

Bientôt le luxe affiché par l'écuyère, fort peu connue jusque-là, si ce n'est de quelque fouille-tout, étonna. On se demanda quel nabab lui fournissait ses chevaux et ses parures, ce ne fut pas difficile à deviner. Les yeux se portèrent alors exclusivement sur elle et le doute ne fut plus permis. Elle ne se cachait pas du reste, et ne demandait qu'à compromettre son bienfaiteur.

Une des circonstances qui contribua le plus à répandre cette aventure fut une lettre dont les copies se transmirent de mains en mains dans le monde bavard, par excellence, celui des artistes, des gens de lettres, des boulevards enfin, en y comprenant les théâtres et les boudoirs à tout prix. Ce monde-là sait tout et dit tout ; les autres n'ont pas pour lui de secrets. Il leur tient par des liens très-solides : le plaisir, la vanité et l'argent. Voici de quoi il s'agissait :

Un maquignon avait à vendre des animaux rares, d'un prix fort élevé, que beaucoup marchandaient sans se décider, malgré leur violent désir, à cause des conditions.

Il vit poindre un matin le nouvel astre, dont il ignorait les brillants rayons, et quand mademoiselle, — Malaga, si vous voulez, — lui demanda à voir ses deux attelages, il lui rit au nez, sans plus de façons.

— Veux-tu donc les acheter, ma petite? dit-il.

Tout le monde se tutoie dans cette compagnie-là, c'est la moitié du chemin de fait.

— Pourquoi pas?

— Et tu les paieras?

— Comptant. Tu peux en être sûr. S'ils me plaisent, ils seront ce soir dans mon écurie.

— Tu as donc une écurie ailleurs qu'au cirque?

— Et un hôtel aussi.

— Ah! c'est différent. Allons visiter les bêtes, alors. Pour le peu que Votre Altesse soit généreuse, nous nous arrangerons.

— Tu brûles, tu brûles, mon gaillard, bien des altesses n'ont pas à ce titre les mêmes droits que moi.

Les chevaux furent sortis, elle les examina de près, elle s'y connaissait, et les déclara irréprochables.

— Je les prends, ajouta-t-elle, à quel prix?

— Deux, vingt-cinq mille francs, quarante mille francs les quatre, parce que c'est *vous*.

Il ne la tutoyait plus. Une si bonne pratique!

— J'en choisirai une couple d'abord, nous verrons plus tard pour les autres.

— Soit vingt-cinq mille francs. Où les conduira-t-on? Où sera-t-on payé?

— On les conduira chez moi, on sera payé aux Tuileries, avec un mot que je vais *te* donner. Une plume et de l'encre, tu vas voir :

Elle écrivit :

« Mon petit père,

« J'ai acheté deux beaux chevaux, ils feront hon-
« neur à ton goût et à ta bourse. Ils coûtent vingt-
« cinq mille francs, ce n'est pas trop pour me faire
« plaisir. Ordonne qu'on les remette au porteur, je
« te les rendrai en baisers. »

Elle mit carrément sur l'enveloppe l'adresse de l'empereur, et présenta cette pièce d'éloquence au marchand stupéfait. Tout se passa ainsi qu'elle l'avait annoncé, mais il prit copie de la lettre, qu'on lui avait remise ouverte, avant de l'envoyer, afin de montrer à ses clients la singulière manière dont Sa Majesté était traitée dans l'intimité. Ce fut un amusement pour tous.

Malaga resta longtemps en faveur. On la manda plusieurs fois à Biarritz, à Plombière et ailleurs, elle ne se cachait nulle part, c'était le secret de la comédie. Cette liaison fut annoncée plusieurs fois comme rompue, elle se dissimulait quand grondaient les orages conjugaux, et puis tout à coup elle renaissait de ses cendres, les anecdotes couraient de nouveau la ville, on voyait reparaître l'écuyère triomphante, enfin elle disparut tout de bon, elle avait non-seulement des rentes, mais des terres, on l'envoya réfléchir chez elle sur l'instabilité des grandeurs, elle trouvera bien quelque jour un mari comme les autres.

Cette histoire de cœur — si c'est du cœur — fut la dernière connue. La santé, les soucis détournèrent d'un autre côté les idées du seigneur Napoléon. Il avait à se débattre avec trop de mauvais vouloir pour perdre son temps en amourettes. Il devint sage, ou à peu près, comme le diable, faute de pouvoir faire autrement. La cour n'avait plus son brillant, son éclat, dans les derniers temps surtout, on commençait à apercevoir le bout du rouleau.

Parmi les courtisans chacun avait sa besace pleine d'argent d'abord, puis de souvenirs.

Plusieurs restaient en évidence, d'autres se retiraient sous leur tente. La corruption n'y perdait rien, tous affichaient plus ou moins leur maîtresse, même les vieux. Les ambassadeurs avaient, comme le comte Almaviva, leurs ambassadrices de poche; les fonctionnaires de haut rang ne dissimulaient pas leurs préférences pour quelques minois de l'Opéra, ou des petits théâtres; les cocottes tenaient le haut du pavé, celui qui entreprendra l'histoire galante de ce temps pourra écrire des volumes. Elles y étaient souveraines; pour elles, les soins, les attentions, les délicatesses même. Elles faisaient si bien la loi qu'elles en étaient venues à imposer le respect à leurs *serviteurs* et qu'ils en avaient pour elles plus que pour les femmes honnêtes. Elles ne souffraient pas le plus léger manque d'égard, ils s'y soumettaient et recevaient de ces péronnelles des leçons qu'une grande dame ne leur aurait pas données impunément. Ils acceptaient le mot *serviteur* dont nous nous sommes servi à dessein.

Quelques-unes de ces reines d'un jour se sont amassé de vraies fortunes, d'autres ont mieux fait encore, elles se sont placées dans le monde et y ont établi leurs parents.

Une, entre autres, dont la jeunesse a été un véritable décaméron, bien loin du beau pays de France, a réussi à amasser de grosses sommes, par des moyens que Gil-Blas et Gusman d'Alfarache ne désavoueraient pas, s'ils avaient porté des jupons, au lieu de porter des culottes. Celle-ci avait surtout le génie des dénouements, nul ne la quittait sans avoir placé un poids raisonnable en face de ses regrets dans la balance, afin de la tenir en équilibre si les regrets étaient plus lourds, tant pis pour le regretté, il avait bientôt à se repentir de cette différence, on s'arrangeait pour la combler, on la compensait plus que largement aux dépens de son repos.

Elle ramassa plusieurs enfants à ces périgrigrinations, elle découvrit véritablement le grand œuvre, car elle n'avait rien, et elle est fort riche, elle a donc trouvé la pierre philosophale. La susdite créature rencontra chez une de ses *collègues* un grand personnage, qui s'éprit de ses charmes très-réels, comme s'il n'avait eu que vingt ans. A l'abri d'une alliance avec sa famille, il présenta la dame à sa femme et l'établit dans sa maison, dont elle faisait les honneurs avec la véritable maîtresse du logis.

Elles en arrivèrent à un tel degré d'intimité qu'elles portaient les mêmes toilettes, on les aurait prises pour deux sœurs, l'une était belle et jeune, et la *légitime* ni l'une ni l'autre. L'épouse, brave et honnête, ne se douta de rien, et donna cette amitié en spectacle à tout Paris, qui en riait, parce qu'on rit de tout.

Monsieur se montrait ainsi *urbi et orbi* entre ses deux femmes, comme le patriarche Abraham entre Sara et Agar, et cela sans le moindre souci de l'opinion, à qui il imposait cette honte et qui l'accepta. Je n'en veux pas dire davantage par respect pour les morts.

Un autre homme, tout aussi en vue, se posa en

sultan parmi les jolies filles de bonne volonté. Il avait beaucoup de faveurs à distribuer, celles qui voulaient en obtenir en connaissaient le moyen facile, et, suivant le principe de mademoiselle Gaussin :

— Cela me coûte si peu, et cela leur fait tant plaisir !

Elles ne se posaient par en récalcitrantes.

L'une d'elles, assez jolie, blonde sans fraude, très-mauvaise comédienne, peu goûtée du public et des auteurs, dont elle ne faisait pas valoir les pièces, fut assez avisée pour comprendre qu'elle avait à sa disposition la facilité de dominer tout cela, et se décida bravement à capituler, après un léger marivaudage. Elle avait l'esprit de son état et sut le mettre en œuvre, tant et si bien qu'elle devint favorite.

Six mois après, elle était millionnaire, par suite de l'axiome naïf d'une autorité femelle de la ville de Paris.

— Nous avons véritablement du malheur, disait-elle, nous achetons une maison, elle me plaît, je désire la garder et m'y établir un jour, elle n'est pas plus tôt à nous qu'elle est expropriée, et c'est à recommencer.

La jeune première en question eut le même malheur; elle fut successivement propriétaire d'une douzaine d'hôtels de grande valeur, dont l'administration municipale la dédommagea, moyennant le double du prix de revient. Ces *malheurs* accumulés la rendirent bientôt la plus dorée des artistes dramatiques. La chance ne l'abandonna dans aucune circonstance, et bientôt ce qui devait la perdre assura plus que jamais sa position.

Elle se trouvait un matin dans le cabinet du sultan, leur conversation, des plus animées, fut intempestivement interrompue par la brusque entrée de la dame du lieu, arrivant par une entrée particulière, inaccessible aux huissiers conservateurs du repos officiel, pour consulter son mari sur une communication pressée.

A l'aspect de son ... indiscrétion, elle poussa un cri et se hâta de s'enfuir. Les épouses offensées, en pareille occurence, prenaient facilement ce parti, c'était la mode, venue de haut, nous l'avons vu. Celle-ci courut à l'autre bout de la France et ne sut pas se taire sur le sujet de son voyage.

La politique et la nécessité de voiler les jolis péchés des courtisans exigeaient son retour. Les petits journaux édifiés tout de suite canonnaient le fonctionnaire d'épigrammes, lesquelles remontaient jusqu'au gouvernement. Les plus hauts personnages se mêlèrent de la négociation, on essaya des promesses, des menaces, des temporisations, la baronne fut inflexible.

Enfin, son infidèle imagina une fable sans précédent, excepté dans l'histoire des patriarches. Il écrivit une homélie pleine de repentir, de contrition, d'humiliation même et avoua... une faute âgée de vingt-cinq ans dont la jeune première était le fruit. Selon lui, tout s'expliquait et s'excusait de cette manière. La confession fut remise à l'offensée par un négociateur habile, qui en fit sentir le mérite et la vraisemblance.

— Mais, dit-elle, pourtant... non... c'est impossible. J'ai vu...

— Vous avez cru voir, votre émotion, votre colère, vous ont aveuglée.

Elle ne demandait peut-être pas mieux que d'être persuadée et finit par croire, ou du moins par dire qu'elle avait eu la berlue. Elle reconnut son injustice et se déclare prête à ouvrir ses bras à l'ange calomniée, à la recevoir comme sa fille, puisqu'elle était celle de son cher époux.

Elle revint donc et tint sa promesse. L'ingénue, depuis lors, fut accueillie d'une façon touchante chez son papa, par sa belle-mère. On ne se gêna plus pour se montrer ensemble, — j'entends le père et la fille, — et cette excellente famille a prospéré ainsi, jusqu'au jour où la chute arriva.

Inutile d'ajouter que beaucoup d'épisodes divers s'ajoutèrent à celui-ci. La *fille* eut l'habileté de ne s'en fâcher aucunement et de conserver sa place au foyer paternel, sans récriminer sur les distractions qui la coudoyaient.

Les grandes dames de l'empire avaient bien aussi leurs distractions et ne laissaient pas à leurs maris le monopole des divertissements.

Quelques-unes alliaient avec beaucoup d'adresse le décorum de leurs grandeurs et l'intérêt de leurs plaisirs.

Il fut fort question dans le monde d'un souper de dix-huit viveurs et viveuses aux *Provençaux*. Ce souper costumé, où le masque était permis, fut un des plus beaux spécimens de joyeusetés ébouriffantes, dont les échos de ces murs follichons aient gardé la mémoire. On y déploya tout le luxe de sans-gêne des cabinets particuliers, en ne s'arrêtant qu'à l'alcôve.

Deux convives complétaient la *vingtaine*, c'étaient des dominos noirs des pieds à la tête, ne laissant point passer un cheveu révélateur, un fil, pas une dentelle qui pût aider à les reconnaître. *Elles* ne quittèrent ni leurs masques, ni leurs gants, ne prononcèrent pas une parole, ne touchèrent à aucuns mets, ne goûtèrent d'aucuns vins. Nul ne les connaissait, excepté leurs cavaliers.

Tout avait été convenu et accepté d'avance, on n'ignorait pas qu'une curiosité malsaine les avait conduites si loin de leur sphère habituelle, et toutes les conjectures auxquelles prêtaient la taille et la tournure furent risquées par les convives, on ne sut jamais positivement quels étaient ces spectres immobiles, insensibles, en apparence du moins, aux sarcasmes et au plus effroyable débordement d'argot qu'il soit possible d'imaginer. Elles ne sourcillèrent pas, mais cette nuit dut laisser dans leur mémoire une tache de honte qui leur faisait monter la rougeur au front.

D'autres firent pis encore, et s'il faut en croire les récits du quart de monde, cette fantaisie se renouvela plusieurs fois avec plusieurs curieuses.

Ces dames consentirent à souper, accompagnées de leurs amants, non pas avec vingt personnes, mais avec quatre ou cinq. Elles s'amusèrent énormément dans la compagnie des cocottes de haut goût; après le vin de champagne, on échangea des confidences. L'une d'elles, — nous entendons l'une de ces dames, — dont le genre d'esprit est très-connu, — demanda à sa voisine de table ce qu'elle pouvait faire de son mari, qu'elle l'avait gardé si longtemps, et qu'elle lui accordait toutes ses soirées.

— Quant à moi, je ne l'ai pu comprendre,

ajouta-t-elle, et j'ai admiré votre constance. Dans notre monde, je lui prêtais de l'esprit, il le dépensait si vite que bientôt il ne lui en restait plus. Mais dans le vôtre, comment cela se passait-il ?

— Il faisait des dettes, madame.

Le mot, très-joli, a été beaucoup répété. La dame, elle-même, fut assez inconséquente pour l'avouer, et l'auteur de la réponse ne s'en cacha plus depuis lors.

Il existait, du reste, toutes espèces de bonnes relations entre les deux camps. On se prêtait des modèles de toilettes, ces messieurs servaient d'intermédiaires, on s'envoyait des renseignements, on se montrait mutuellement ses hôtels, c'étaient enfin des échanges continuels de bons procédés tout à fait affriolants ; au bois, de calèche à victoria, on échangeait des sourires, on s'adressait des compliments mutuels, les petits crevés se rengorgeaient, fiers de ces messages.

Quelques femmes très-haut placées ne craignirent pas de paraître sans mystère chez ces demoiselles, sous prétexte d'art.

— Il y a longtemps que je n'ai rencontré chez vous la princesse de... disait-on à une comédienne.

— Je ne la vois plus, répliqua-t-elle, elle me compromettait.

Il est facile de comprendre à quel point la démoralisation était complète, pour qu'on en fût arrivé là ! Et ceci se racontait tout haut, même dans l'intimité des Tuileries. On y parlait la langue verte avec ses finesse les plus recherchées. On fermait les yeux sur les peccadilles des amis et amies, tout en affichant une sévérité inouïe pour les autres. Ainsi les aventures d'une comtesse ont été poussées à ce point qu'une société bourgeoise, même indulgente, lui eût fermé ses portes, elle trouva, au contraire, un appui à la cour et se réhabilita, grâce à cet appui.

Cette comtesse, d'un caractère singulier, ne faisait rien comme les autres. Elle se maria, ou plutôt on la maria, pour récompenser la fidélité et le dévouement d'un serviteur par une grande fortune. Elle se laissa faire, en murmurant un peu, néanmoins elle accepta, avec restrictions. Les préjugés la gênaient peu, elle avait appris dans sa famille le cas qu'il fallait en faire.

Les premières années s'écoulèrent à peu près sans désappointements trop évidents de part et d'autre. Le comte était ambitieux avant tout, il avait aussi la conscience de sa dignité ; s'il chercha des distractions ailleurs que dans son ménage, il le cacha.

Madame ne s'en fut point effarouchée pourtant. Elle ne dissimulait pas son indifférence et l'ennui qu'elle éprouvait. On lui prêta quelques essais d'incartades, qui ne se confirmèrent pas, et qui disparurent devant le vainqueur si impatiemment attendu par elle au fond de sa pensée.

C'était aussi un comte, elle ne dérogeait pas. Il était devenu célèbre par ses folies et ses amours évaporés, elle le fixa plus longtemps qu'il ne le fut nulle part en toute sa vie. Ils s'aimèrent avec éclat, et, d'après les habitudes du temps, l'hypocrisie leur parut inutile. Le mari n'y regardait pas, le monde ne s'en souciait guère, ils eurent leurs coudées franches et en usèrent largement. On les voyait sans cesse ensemble, ils causaient à leur aise, aux théâtres, au bois, partout. Les salons les ennuyaient, ils n'y allaient point, ils abandonnaient même les obligations de famille et de société.

Ce n'était pas qu'ils éprouvassent une de ces passions romanesques, qui entraînent à tant de fautes et de malheurs. Pas du tout : ils s'aimaient gaiement, ils ne pleuraient jamais et ne seraient pas morts de chagrin, si on les eût séparés, ils l'ont prouvé, plus tard. Tout était chez eux réel, sans poésie, l'idéal, le bleu de là-haut leur semblaient ridicules, ils s'en moquaient. Au lieu des concerts des anges, si enivrants dans les romans du cœur, ils chantaient les refrains d'Offenbach, et agitaient les grelots du carnaval. Le sentiment était pour eux lettres closes. Ils s'amusaient, voilà tout.

Par un beau soleil, il leur prit envie de voyager. Ils partirent, sans autre cérémonie, tous les deux, avec une femme et un valet de chambre, et s'en allèrent courir les eaux d'Allemagne, où, comme l'on sait, toute l'Europe aristocratique défile en été.

Ils prirent le même appartement, habitèrent la

même chambre, comme mari et femme, et cela si naturellement, si naïvement que la surprise imposa d'abord le silence. On n'y pouvait croire, mais une fois revenu de leur stupeur, les bavards s'en vengèrent. Les amants ne s'en tourmentèrent point, ce fut une quiétude cynique sans pareille. Ils ne virent pas qu'on les évitait, que les femmes de la société de la comtesse se détournaient à son aspect, ils n'entendirent pas les critiques, et continuèrent à rire, à se promener, à jouer, à courir les casinos et à réunir autour d'eux les amis du jeune homme, qui songeaient seulement à se divertir.

Les joyeuses parties, les parties *arrosées* de vin du Rhin s'accentuaient de plus en plus. Pendant ce temps, l'autre comte gardait les enfants et n'était pas aussi gai que son *alter ego*. Il méditait une belle et bonne séparation, car ces rumeurs lui venaient aux oreilles. Les étourdis y mirent le comble par une de ces levées de boucliers impossibles à prévoir et à modérer.

A leur retour à Paris, ils apprirent que le maître chassait à Compiègne.

— Allons-y! s'écria la folle.

— Allons-y! répondit l'autre, tout aussi fou.

Sans y être invités, en face de leurs parents, de la cour tout entière, ils arrivèrent au milieu de la chasse et coururent la bête à côté des autres veneurs, absolument comme s'ils eussent été à leur place, et qu'on eût dû les complimenter. Ceci fut le comble. Le mari, furieux de tant d'effronterie, voulut renvoyer sa femme, il se savait le jouet de toute la France. L'empereur s'y opposa, un grand dignitaire de l'empire ne devait pas s'arrêter à si peu, il fallait porter dignement ces choses-là, et ne pas séparer ce que Dieu avait uni.

Le comte obéit.

L'amant est mort. Les deux époux vivent et se consolent mutuellement.

Ceci est un aperçu bien sommaire de cette époque. Ainsi que nous le disions en commençant, celui qui écrira des mémoires sérieux et qui voudra raconter ces mœurs élastiques, aura une lourde tâche à remplir. Si la France a été punie, elle a péché; espérons en l'avenir, espérons en la régénération, et n'oublions jamais la terrible leçon que nous avons reçue.

FIN.

www.ingramcontent.com/pod-product-compliance
Lightning Source LLC
LaVergne TN
LVHW020351230826
846091LV00003B/1066

* 9 7 8 2 0 1 2 4 6 9 7 7 8 *